САМЫЙ ЛЁГКИЙ КУРС РУССКОГО ЯЗЫКА

РЮНОСУКЭ КУРОДА

ХАКУСУИСЯ

──── 音声ダウンロード ────

この教科書の音源は白水社ホームページ（https://www.hakusuisha.co.jp/book/ISBN9784560016374.html）からダウンロードすることができます（お問い合わせ先：text@hakusuisha.co.jp）。

音源吹込　　　藤枝・グトワ・エカテリーナ

カバーイラスト　藤田ひおこ

ブックデザイン　森 裕昌（森デザイン室）

まえがき

　この教科書は集中講義を想定して作成されています。

　大学や講習会で先生に教えてもらいながら、1日3課で5日間の授業。これっぽっちの時間では、ロシア語の「ロ」の字にも達しませんが、それでも文字の読み書きができるようになり、簡単なあいさつや表現を覚えれば、ロシアがずっと身近になるはず。決して無駄ではありません。

　私自身、集中講義でロシア語を教えることがときどきあるのですが、1日に3コマも続く授業では一般の教科書が使えません。そこで教える内容は最低限に留め、3課に1回は「まとめ」を設け、復習に重点を置きました。

　ロシア語の特徴はいろいろありますが、英語しか知らない学習者にとっては、①結びつく単語によって「私の」や「新しい」の形が変わる、②同じ動詞でも「私」か「あなた」で形が違う、③「本が」「本を」などの違いは形を変えて表わす、という3つがとくに難しく感じることでしょう。本書ではこの3つの特徴にすこしずつ触れました。5日間にしては、ずいぶんと盛りだくさんですね。

　この教科書をどう使うかは、先生の判断です。あなたが本書に出合うのは集中講義ではなく、週1回の授業かもしれません。だとしたらざっと4か月、大学なら半期で終わります。しかも余裕がありますから、先生はプリントなどで補足したり、あるいは音楽を聴いたり映画を観たり、いろいろ工夫を凝らしてくれることでしょう。期待してください。

　この教科書のロシア語タイトルであるСАМЫЙ ЛЁГКИЙ КУРС РУССКОГО ЯЗЫКАは「いちばんやさしいロシア語コース」という意味です。みなさんにそう感じていただければ、著者として嬉しいです。

　それでは早速ですが、まずはロシア語で使うキリル文字（〈ロシア文字〉は不正確です）から勉強をはじめましょう。

著　者

もくじ

1

1. ローマ字と音も形も同じ文字　　🔊02

母音字	母音字	子音字	子音字	子音字
А а	**О о**	**К к**	**М м**	**Т т**

там あそこ　　кот オス猫

2. アクセントについて　　🔊03

　ロシア語の単語は１つの母音が他に比べて強く、はっきりと、そして少々長めに発音されます。これをアクセントといいます。アクセントの位置は「´」で示します。

ма́ма ママ

3. 形は似ているけど音が違う文字　　🔊04

Н н　　子音字。
日本語の「ナ」を発音したときのはじめの音。
но́та 音符　　ко́мната 部屋

Р р　　子音字。
舌先をふるわせる巻舌の「る」。
то́рт ケーキ　　ка́рта 地図

4. 裏返しの文字 🔊05

И и

母音字。

口を横に開いてはっきりと「イ」。

ми́р 平和／世界　кино́ 映画、映画館

Я я

母音字。

日本語の「ヤ」の音とほぼ同じ。

и́мя 名前　ня́ня ベビーシッター

5.「私はアンナです」 🔊06

Я́ А́нна. 私はアンナです。

🗨単語 Я́ 私（英語と違い、文頭以外では小文字です）

＊ロシア語には英語のbe動詞に相当するものが現在形ではありません。

(1) Я́ Анто́н.

(2) Я́ Мари́я.

6. "顔文字"でおなじみの文字 🔊07

子音字。

Д д

日本語の「ダ」を発音したときのはじめの音。

до́м 家　дя́дя おじさん

7

E e
母音字。
「イェ」に近い。「エ」ではない。
кре́м クリーム　де́ти 子どもたち

C c
子音字。
日本語の「サ」を発音したときのはじめの音。
со́к ジュース　стака́н コップ

B в
子音字。
上の前歯を下唇の内側に軽く触れて発音する「ヴ」。
вино́ ワイン　вре́мя 時間

У у
母音字。
唇を前に突き出してはっきりと「ウ」
рука́ 手　су́мка バッグ

8.「私は旅行者です」 09

① Я́ тури́ст.　私は旅行者です。

② Я́ тури́стка.　私は旅行者です。

🔤 тури́ст 旅行者（男性）
тури́стка 旅行者（女性）
＊ロシア語は男女の区別をする傾向が強いです。
Я́ Мари́я.　Я́ тури́стка.

9. 新しい文字 🔊10

З з

子音字。
「技（ワザ）」の「ザ」を発音したときのはじめの音。

ро́за バラ   зо́нтик カサ

Й й

半母音字。
日本語の「ヤ」を発音したときのはじめの音。

ма́й 5月   музе́й 博物館

10. 「こんにちは」 🔊11

Здра́вствуйте!　こんにちは!

　1日中いつでも使えるあいさつ表現です。はじめから5番目の в は発音しません。親しい人には最後の те を取り除いて Здра́вствуй! といいます。

11. 読んでみましょう 🔊12

(1) Здра́вствуйте. Я́ Анто́н. Я́ студе́нт.

(2) Здра́вствуйте. Я́ А́нна. Я́ студе́нтка.

(3) — Здра́вствуйте, Мари́я!

　　 — Здра́вствуйте, Ямада-сан!

🔊単語 студе́нт 大学生（男）   студе́нтка 大学生（女）

＊ロシア人の中には、日本人には сан「さん」をつけて呼ぶことを知っている人がいます。

9

2

1. 新しい文字 🔊13

П п | 子音字。
日本語の「パ」を発音したときのはじめの音。
па́рк 公園　　спо́рт スポーツ

Ы ы | 母音字。
カタカナで表わせば「ウィ」が近い。
вы́ あなた　　сы́н 息子

Ё ё | 母音字。
日本語の「ヨ」の音とほぼ同じ。
тётя おばさん　　актёр 俳優

＊ё にはいつでもアクセントがありますので、「 ́ 」で示しません。

2. 「本当ですか」 🔊14

Пра́вда？ 本当ですか。

　「真実」という意味の名詞ですが、こんなふうに本当か
どうかを確かめるときに使えます。「本当です」というのも、
同じく Пра́вда. です。

Л л

子音字。

舌先を上の歯の裏につけて発音する「ル」。

лимо́н レモン   сто́л テーブル

Ж ж

子音字。

舌を後ろに引いて、少し唇を突き出して「ジュ」。

журна́л 雑誌   живо́т おなか

Х х

子音字。

喉の奥から強く息を吐き出しながら「ハ」。

хра́м 寺院   му́ха ハエ

Ц ц

子音字。

日本語の「ツ」を発音したときのはじめの音。

цве́т 色   при́нц 王子

Ч ч

子音字。

唇を少し突き出して「チュ」。

ча́й お茶   вра́ч 医者

Ю ю

母音字。

唇を突き出してはっきりと「ユ」。

сюда́ ここへ   лю́стра シャンデリア

4. 「あなたは医者ですか」 🔊16

① **Вы́ вра́ч？** あなたは医者ですか。

② **Да́, я́ вра́ч.** はい、私は医者です。

🈁 **вы́** あなた **да́** はい **не́т** いいえ
вра́ч 医者（男女の区別をしません）

＊疑問文はイントネーションを変えるだけです。

(1) Я́ Ива́н. Я́ журнали́ст.

(2) Я́ Мари́я. Я́ то́же журнали́стка.

(3) — Вы́ худо́жник？

— Не́т, я́ актёр.

(4) — Вы́ то́же актри́са？

— Да́, я́ то́же актри́са.

(5) — Вы́ худо́жница и́ли вра́ч？

— Я́ худо́жница.

🈁 журнали́ст（男）／ журнали́стка（女）ジャーナリスト
худо́жник（男）／ худо́жница（女）画家
актёр（男）／ актри́са（女）俳優
то́же ～もまた и́ли または、それとも

5.「すみません」

Извини́те. すみません。

　日本語の「すみません」は謝るときにも、人に声をかけるときにも使えますが、ロシア語もまったく同じです。親しい人には最後の те を取り除いて Извини́. といいます。

6. 読んでみましょう

(1) — Извини́те, вы́ Ива́н？

　　— Да́, я́ Ива́н.

(2) — Извини́те, кто́ вы́？

　　— Я́ Мари́я.

(3) — Извини́те, вы́ студе́нт？

　　— Не́т, я́ вра́ч.

　　— Извини́те.

(4) — Извини́те, вы́ вра́ч и́ли худо́жник？

　　— Я́ журнали́ст. А вы́？

　　— Я́ актёр.

　🈁 кто́ だれ　　а いっぽう、～にたいして（アクセントなし）

13

1. 発音してみましょう 🔊19

*1で勉強した文字（上の段はすでに学習した単語、下の段は新しい単語です）。

А а
(1) та́м あそこ
(2) А́нна アンナ（女性名）
(3) а́ист コウノトリ
(4) а́рмия 軍隊

В в
(5) вино́ ワイン
(6) вре́мя 時間
(7) ве́к 世紀
(8) внима́ние 注意

Д д
(9) до́м 家
(10) дя́дя おじさん
(11) да́ма 貴婦人
(12) дво́р 中庭

Е е
(13) кре́м クリーム
(14) де́ти 子どもたち
(15) иде́я アイディア
(16) све́т 光

З з
(17) ро́за バラ
(18) зо́нтик カサ
(19) зима́ 冬
(20) зда́ние 建物

И и
(21) ми́р 平和／世界
(22) кино́ 映画
(23) икра́ イクラ（魚卵）
(24) и́скра 火花

Й й
(25) ма́й 5月
(26) музе́й 博物館
(27) ра́й 天国
(28) трамва́й 市電

К к
(29) студе́нтка 大学生（女）
(30) тури́стка 旅行者（女）
(31) ки́т クジラ
(32) кио́ск 売店

М м
(33) мáма ママ　　(34) Мари́я マリヤ（女性名）
(35) мáрт 3月　　(36) мóре 海

Н н
(37) нóта 音符　　(38) кóмната 部屋
(39) нóс 鼻　　(40) нóрма 基準

О о
(41) кóт オス猫　　(42) Антóн アントン（男性名）
(43) óн 彼　　(44) закóн 法律

Р р
(45) тóрт ケーキ　　(46) кáрта 地図
(47) ри́с 米　　(48) райóн 地区

С с
(49) сóк ジュース　　(50) стакáн コップ
(51) сáни そり　　(52) срáзу すぐに

Т т
(53) студéнт 大学生（男）　　(54) тури́ст 旅行者（男）
(55) тóст 乾杯　　(56) трóйка 三頭立て馬車

У у
(57) рукá 手　　(58) сýмка バッグ
(59) урóк 授業　　(60) удáр 打撃

Я я
(61) и́мя 名前　　(62) ня́ня ベビーシッター
(63) я́ма 穴　　(64) истóрия 歴史

🔊 21

Ё ё
(65) тётя おばさん (66) актёр 俳優
(67) ёлка もみの木 (68) чёрт 悪魔

Ж ж
(69) журна́л 雑誌 (70) живо́т おなか
(71) жи́р 脂肪 (72) жиле́т ベスト

Л л
(73) лимо́н レモン (74) сто́л テーブル
(75) ле́с 森 (76) луна́ 月

П п
(77) па́рк 公園 (78) спо́рт スポーツ
(79) по́рт 港 (80) приро́да 自然

Х х
(81) хра́м 寺院 (82) му́ха ハエ
(83) хо́р 合唱 (84) хво́ст しっぽ

Ц ц
(85) цве́т 色 (86) при́нц 王子
(87) це́нтр 中心 (88) ста́нция 駅

Ч ч
(89) ча́й お茶 (90) вра́ч 医者
(91) ча́йка カモメ (92) число́ 数

Ы ы
(93) вы́ あなた (94) сы́н 息子
(95) мы́ 私たち (96) сы́р チーズ

Ю ю
(97) сюда́ ここへ (98) лю́стра シャンデリア
(99) лю́ди 人々 (100) рю́мка ワイングラス

16

2. 確認しましょう

◀))22

а いっぽう、〜にたいして

актёр 俳優（男）

актри́са 俳優（女）

вра́ч 医者

вы́ あなた

да́ はい

журнали́ст ジャーナリスト（男）

журнали́стка ジャーナリスト（女）

здра́вствуйте こんにちは

извини́те ごめんなさい

и́ли あるいは

кто́ だれ

не́т いいえ

пра́вда 真実、本当に

студе́нт 大学生（男）

студе́нтка 大学生（女）

то́же 〜もまた

тури́ст 旅行者（男）

тури́стка 旅行者（女）

я́ 私

3. 会話を完成させましょう

◀))23

— Здра́вствуйте!

— _____ こんにちは。

— Извини́те, кто́ вы́?

— _____ _____ 私はアンナです。

— Вы́ студе́нтка?

— _____ いいえ、私は俳優です。

_____ それであなたは?

— Я́ Ива́н. Я́ то́же актёр.

17

Э

1. 新しい文字

Э э
母音字。
口を大きく開けてはっきりと「エ」。
экра́н スクリーン   экску́рсия 遠足

Б б
子音字。
日本語の「バ」を発音したときのはじめの音。
ба́нк 銀行   бра́т 兄・弟

2. 音が変わる：母音字①

э́то   これ

молоко́   ミルク

標準的なロシア語では、アクセントのない o は「ア」と発音します。

練習問題
(1) она́	彼女	(2) окно́	窓
(3) у́тро	朝	(4) пи́во	ビール
(5) вода́	水	(6) мя́со	肉
(7) ме́сто	席、場所	(8) вопро́с	質問
(9) боло́то	沼	(10) Москва́	モスクワ

3. 「これはアンナです」　🔊26

① Э́то А́нна.　これはアンナです。

② Э́то вода́.　これは水です。

🈁 э́то これ　　вода́ 水

(1) — Э́то вода́?

　　— Да́, э́то вода́.

(2) — Э́то то́же вода́?

　　— Не́т, э́то вино́.

(3) — А э́то?

　　— Э́то пи́во.

🈁 вино́ ワイン　　пи́во ビール

4. 「ありがとう」　🔊27

— Спаси́бо.　ありがとう。

— Пожа́луйста.　どういたしまして。

Пожа́луйста. は「どうぞ」という意味でも使えます。

5. 新しい文字（つづき）

Г г

子音字。

日本語の「ガ」を発音したときのはじめの音。

гита́ра ギター　　кни́га 本

Ф ф

子音字。

上の前歯を下唇の内側に軽く触れて発音する「フ」。

ко́фе コーヒー　　фа́кт 事実

Ш ш

子音字。

舌を後ろに引いて、少し唇を突き出して「シュ」。

шко́ла 学校　　ша́пка （つばのない）帽子

Щ щ

子音字。

日本語で「静かに」という意味の「シー」に近い。

щётка ブラシ　　бо́рщ ボルシチ

6. 愛称形（ロシア人の名前①）

① Михаи́л ＞ Ми́ша

② Ива́н　　＞ Ва́ня

③ А́нна　　＞ А́ня

④ Мари́я　＞ Ма́ша

ロシア人が親しい間柄でお互いを呼ぶときには、愛称形を使います。①と②は男性名、③と④は女性名で、＞の右が愛称形です。愛称形は 1つではありませんが、作り方は決まっています。またАнто́нのように、愛称形をあまり使わない名前もあります。

7. 「私」「あなた」「彼」「彼女」

	単数		複数	
1人称	я́	私	мы́	私たち
2人称	ты́	君	вы́	君たち
	вы́	あなた	вы́	あなたたち
3人称	о́н	彼	они́	彼ら
	она́	彼女		

＊2人称単数の代名詞に注意してください。ты́ は夫婦、親子、兄弟、友人など親しい間柄で使うのに対し、вы́ はもう少し間を置いた関係、または丁寧な言い方として用います。まずは я́「私」、вы́「あなた」、о́н「彼」、она́「彼女」を覚えましょう。

8. 読んでみましょう　🔊30

（1）　－ Вы́ студе́нтка？

　　　－ Не́т, я́ журнали́стка.

（2）　－ О́н тури́ст？

　　　－ Да́, тури́ст.

（3）　－ О́н актёр и́ли вра́ч？

　　　－ О́н вра́ч.

（4）　－ Кто́ она́？

　　　－ Она́ актри́са.

4

1. 音が変わる：母音字②

🔊31

> сестра́   姉・妹
>
> телефо́н   電話

　標準的なロシア語では、アクセントのない e は「イ」と発音します（ただし語末は「エ」のままです）。

練習問題

（1）	меню́	メニュー	（2）	река́	川
（3）	жена́	妻	（4）	но́мер	番号
（5）	метро́	地下鉄	（6）	теа́тр	劇場
（7）	секре́т	秘密	（8）	семе́стр	学期
（9）	рестора́н	レストラン	（10）	телеви́зор	テレビ

2. 「お元気ですか」

🔊32

― Ка́к дела́?   お元気ですか。

― Спаси́бо, хорошо́.   ありがとうございます、元気です。

単語 хорошо́ よい、元気だ

　― Ка́к дела́?

　― Спаси́бо, хорошо́. А ка́к дела́?

Э́то не А́нна. これはアンナではありません。

🔤 не 〜ではない（アクセントなし）

4

＊否定する部分の前に не を置くだけです。

（1）Э́то не Ива́н.

（2）Я́ не вра́ч.

（3）О́н не журнали́ст.

（4）Она́ не актри́са.

（5）— Э́то вода́?
　　　— Не́т, э́то не вода́.

（6）— Э́то не вода́?
　　　— Не́т, э́то не вода́.

（7）— Э́то не вода́?
　　　— Не́т, э́то вино́.

注意―否定疑問に対しては、肯定でも否定でも Не́т で答えます。

4. 「私の」「あなたの」（人の場合）

① мóй пáпа　　私のお父さん

② моя́ мáма　　私のお母さん

③ вáш пáпа　　あなたのお父さん

④ вáша мáма　　あなたのお母さん

　「私の」という意味の所有代名詞は、英語では my 1 つだけですが、ロシア語では結びつく語によって、мóй と моя́ を使い分けます。同じく「あなたの」にも 2 つの形があります。

男性を表わす語：мóй, вáш と結びつく
女性を表わす語：моя́, вáша と結びつく

5. 覚えましょう

пáпа お父さん　　　мáма お母さん

брáт 兄・弟　　　сестрá 姉・妹

дя́дя おじさん　　　тётя おばさん

дéдушка おじいさん　　бáбушка おばあさん

24

6. 読んでみましょう　🔊36

(1) Э́то мо́й па́па.

(2) ― Э́то ва́ша ма́ма?

　　― Да́, э́то моя́ ма́ма.

(3) ― Э́то ва́ш дя́дя?

　　― Не́т, э́то мо́й бра́т.

7. ロシア語に訳しましょう　🔊37

（1）これは私のお母さんです。

_____

（2）これは私のお父さんではありません。

_____

（3）― これはあなたのお兄さんですか。

_____

　　― いいえ、これは私のおじです。

_____

（4）― これはあなたのおばさんですか。

_____

　　― いいえ、これは私の妹です。

_____

（5）これは私のおじいさんと、私のおばあさんです。

_____

🔵単語 И́ そして（ふつうアクセントなし）

1. 発音してみましょう

🔊 38

[3 で勉強した6文字を加えた単語]

Б б
- ба́нк 銀行
- бума́га 紙
- бра́т 兄・弟
- уче́бник 教科書

Г г
- гита́ра ギター
- нога́ 足
- кни́га 本
- голова́ 頭

Ф ф
- ко́фе コーヒー
- фи́зика 物理学
- фа́кт 事実
- фру́кты 果物

Ш ш
- шко́ла 学校
- хорошо́ よい
- ша́пка （つばのない）帽子
- ба́бушка おばあさん

Щ щ
- щётка ブラシ
- щека́ ほお
- бо́рщ ボルシチ
- еще́ さらに

Э э
- экра́н スクリーン
- эне́ргия エネルギー
- экску́рсия 遠足
- э́хо こだま

2. 確認しましょう

🔊39

бáбушка おばあさん

брáт 兄・弟

винó ワイン

водá 水

дéдушка おじいさん

дя́дя おじさん

и そして

кáк делá? お元気ですか

мáма お母さん

не ～でない

óн 彼

онá 彼女

пáпа お父さん

пи́во ビール

пожáлуйста どうぞ

сестрá 姉・妹

спаси́бо ありがとう

тётя おばさん

хорошó よい、元気だ

э́то これ

3. 会話を完成させましょう

🔊40

— Извини́те, вы́ Натáша?

— _____ いいえ、私はナターシャではありません。

— Вы́ не Натáша? Извини́те, ктó вы́?

— _____ 私はアンナです。

— А Натáша?

— _____ 彼女は私の妹です。

27

4. 日本語50音表

あ	а	い	и	う	у	え	э	お	о						
か	ка	き	ки	く	ку	け	кэ	こ	ко	きゃ	кя	きゅ	кю	きょ	кё
さ	са	し	си	す	су	せ	сэ	そ	со	しゃ	ся	しゅ	сю	しょ	сё
た	та	ち	ти	つ	цу	て	тэ	と	то	ちゃ	тя	ちゅ	тю	ちょ	тё
な	на	に	ни	ぬ	ну	ね	нэ	の	но	にゃ	ня	にゅ	ню	にょ	нё
は	ха	ひ	хи	ふ	фу	へ	хэ	ほ	хо	ひゃ	хя	ひゅ	хю	ひょ	хё
ま	ма	み	ми	む	му	め	мэ	も	мо	みゃ	мя	みゅ	мю	みょ	мё
や	я			ゆ	ю			よ	ё						
ら	ра	り	ри	る	ру	れ	рэ	ろ	ро	りゃ	ря	りゅ	рю	りょ	рё
わ	ва							を	о						
ん	н														
が	га	ぎ	ги	ぐ	гу	げ	гэ	ご	го	ぎゃ	гя	ぎゅ	гю	ぎょ	гё
ざ	дза	じ	дзи	ず	дзу	ぜ	дзэ	ぞ	дзо	じゃ	дзя	じゅ	дзю	じょ	дзё
だ	да	ぢ	дзи	づ	дзу	で	дэ	ど	до	ぢゃ	дзя	ぢゅ	дзю	ぢょ	дзё
ば	ба	び	би	ぶ	бу	べ	бэ	ぼ	бо	びゃ	бя	びゅ	бю	びょ	бё
ぱ	па	ぴ	пи	ぷ	пу	ぺ	пэ	ぽ	по	ぴゃ	пя	ぴゅ	пю	ぴょ	пё

①小さい「っ」は同じ子音を2つ重ねます。「札幌」Саппоро

②長音は何もつけませんが、「い」だけはиを重ねます。「新潟」Ниигата

③「あい」などの「い」はйで表します。「埼玉」Сайтама

④「ん」の後にб, м, пが続くときはмで表します。「群馬」Гумма

⑤「ん」の後に母音字が続くときは間にъを入れます。「山陰」Санъин
　　（ъについては30ページのコラム参照）

⑥「え」はэのほかにeを使うこともあります。「松江」Мацуэ, Мацуе

5. 音が変わる：母音字③

🔊41

язы́к　　言語

Япо́ния　日本

　標準的なロシア語では、アクセントのない я は「イ」と発音します（ただし語末は「ヤ」のままです）。

練習問題
(1) яйцо́　　たまご　　(2) пятно́　　しみ
(3) япо́нец　日本人(男)　(4) япо́нка　日本人(女)
(5) лягу́шка　カエル　　(6) тяжело́　苦しい

6. 「さようなら」

🔊42

До свида́ния.　さようなら。

　до は「〜まで」、свида́ния は「再会」という意味。途中で切らず、一気に発音してください。

1. 記号

🔊43

Ь ь

これ自身は音がありません。

舌の真中を上に盛り上げ、口を「イ」のかたちにして直前の子音を発音することを示します。

練習問題

(1) де́нь	日	(2) ма́ть	母
(3) го́сть	客	(4) до́чь	娘
(5) роя́ль	ピアノ	(6) со́ль	塩
(7) слова́рь	辞書	(8) жи́знь	生活
(9) фи́льм	映画	(10) семья́	家族
(11) письмо́	手紙	(12) ма́льчик	男の子

🔊44

コラム　めったに使わない記号

＊以下の記号は、初級ではほとんど使われません。

Ъ ъ

子音と母音を分けます。

объе́кт 対象　　подъём 上り坂

2. 数字　　🔊 45

0 : но́ль

1 : оди́н　　2 : два́　　3 : три́

4 : четы́ре　5 : пя́ть　6 : ше́сть

7 : се́мь　　8 : во́семь　9 : де́вять

3. 「おはよう」　🔊 46

① До́брое у́тро.　おはよう。

② До́брый ве́чер.　こんばんは。

最初の単語がよく似ていますが、語尾が微妙に違いますので注意しましょう。

4. 「私の」「あなたの」(物の場合)

① мо́й зо́нтик　　私のカサ

② моя́ су́мка　　私のカバン

③ моё кольцо́　　私の指輪

④ ва́ш зо́нтик　　あなたのカサ

⑤ ва́ша су́мка　　あなたのカバン

⑥ ва́ше кольцо́　　あなたの指輪

単語 зо́нтик カサ　　су́мка カバン　　кольцо́ 指輪

　「私の」「あなたの」を表わす所有代名詞は、人の場合、男性を表わす語と結びつくときは мо́й 、女性を表わす語と結びつくときは моя́ のように使い分けました。

　一方、男女の区別のない語では語尾の音によって使い分けます。

子音で終わる語： мо́й, ва́ш　と結びつく

а で終わる語：　моя́, ва́ша　と結びつく

о で終わる語：　моё, ва́ше　と結びつく

＊男女の区別と語尾の区別では、男女の区別を優先します。 де́душка 「おじいさん」は а で終わっていますが、男性を表わすので мо́й, ва́ш と結びつきます。

5. 覚えましょう 48

журна́л 雑誌　телеви́зор テレビ

телефо́н 電話

бума́га 紙　кни́га 本　маши́на 車

кольцо́ 指輪　ме́сто 席・場所　письмо́ 手紙

6. 読んでみましょう 49

(1) Э́то мо́й телефо́н.

(2) Э́то не моя́ бума́га.

(3) Э́то ва́ше ме́сто? — Да́, моё.

(4) Где́ моя́ маши́на?

🈌 где́ どこ

7. ロシア語に訳しましょう 🔊50

(1) これは私のテレビではありません。

_____

(2) これはあなたの手紙ですか。

_____

(3) これは私の雑誌で、(一方) これはあなたの本です。

_____

(4) 私の指輪はどこですか。

_____

33

6

1. 音が変わる：子音字①

🔊51

зу́б	歯
ле́в	ライオン
дру́г	友だち（男）
мёд	はちみつ
му́ж	夫
гла́з	目

次の6つの子音字は、最後にくると音が変わります。

б	⇒「プ」
в	⇒「フ」
г	⇒「ク」
д	⇒「ト」
ж	⇒「シュ」
з	⇒「ス」

練習問題

（1）кра́б	カニ	（2）хле́б	パン
（3）рука́в	袖	（4）зали́в	湾
（5）ю́г	南	（6）сне́г	雪
（7）са́д	庭	（8）сосе́д	隣人（男）
（9）но́ж	ナイフ	（10）эта́ж	階
（11）га́з	ガス	（12）арбу́з	スイカ

34

2. 「私の隣人は日本人です」

🔊 52

Мо́й сосе́д — япо́нец.　私の隣人は日本人です。

🈁 **сосе́д** 隣人（男）　　**япо́нец** 日本人（男）

6

＊名詞が並ぶときには、間に ─ を書きます。ただし間に не などがあるときには書きません。

（1）Мо́й дру́г — актёр.

（2）Ва́ша подру́га — журнали́стка.

（3）Моя́ подру́га не япо́нка.

（4）Мо́й сосе́д то́же япо́нец.

🈁 **дру́г** 友だち（男）　　**подру́га** 友だち（女）　　**япо́нка** 日本人（女）

3. 「いいね」

🔊 53

① Хорошо́.　いいね。

② О́чень хорошо́.　とてもいいね。

хорошо́ は「いいです」のほかに、「上手に」という意味でも使えます。

о́чень は強調を表わす「とても」です。

4. 「話す」の現在形

	単数	複数
1人称	я́ говорю́	мы́ говори́м
2人称 （親称）	ты́ говори́шь	вы́ говори́те
（敬称）	вы́ говори́те	вы́ говори́те
3人称	о́н говори́т она́ говори́т	они́ говоря́т

＊動詞の現在形には、数と人称によってさまざまな形がありますが、この教科書では「私」「あなた」「彼」の3つの形を学習していきます。

「話す」		говори́ть
私は話す	я́	говорю́
あなたは話す	вы́	говори́те
彼は話す	о́н	говори́т

＊ о́н のときの形は она́ でも同じです。вы́ は「あなた」の他にも「あなたたち」や「君たち」の意味でも使えますが、ここでは「あなた」で覚えることにしましょう。

5. 覚えましょう

по - япо́нски	日本語で
по - ру́сски	ロシア語で
по - англи́йски	英語で
по - испа́нски	スペイン語で
по - кита́йски	中国語で
по - коре́йски	韓国語で

6. 読んでみましょう

(1) Я́ говорю́ по-япо́нски.

(2) Мо́й дру́г говори́т по-англи́йски.

(3) — Вы́ говори́те по-ру́сски?

　　 — Да́, немно́го.

(4) — Ва́ша подру́га говори́т по-кита́йски?

　　 — Не́т, но она́ говори́т по-коре́йски.

(5) — Ка́к о́н говори́т по-испа́нски?

　　 — О́чень хорошо́.

🔤 немно́го 少し　　но́ しかし　　ка́к どのように

7. ロシア語に訳しましょう

(1) 私はロシア語を少し話します。

_____

(2) あなたは英語を話しますか。

_____

(3) 彼女は日本語を上手に話します。

_____

(4) 彼はスペイン語を話しません。

_____

(5) 私は中国語と韓国語を少し話します。

_____

1. 「リンゴはロシア語で何といいますか」 🔊58

① **Ка́к «ри́нго» по-ру́сски?**

リンゴはロシア語で何といいますか。

② **«Ри́нго» по-ру́сски «я́блоко».**

リンゴはロシア語で я́блоко といいます。

(1) — Ка́к «я́блоко» по-англи́йски?

— «Я́блоко» по-англи́йски «apple».

(2) — Ка́к «икра́» по-япо́нски?

— «Икра́» по-япо́нски то́же «икура».

🈬 я́блоко リンゴ   икра́ イクラ（魚卵）

2. 確認しましょう 🔊59

бума́га 紙	ме́сто 席・場所
где́ どこ	немно́го 少し
говори́ть 話す	но́ しかし
дру́г 友だち（男）	оте́ц 父
журна́л 雑誌	о́чень とても
зо́нтик カサ	письмо́ 手紙
ка́к どのように	по-англи́йски 英語で
кни́га 本	подру́га 友だち（女）
кольцо́ 指輪	по-испа́нски スペイン語で
ма́ть 母	по-кита́йски 中国語で
маши́на 車	по-коре́йски 韓国語で

по-ру́сски ロシア語で　　телеви́зор テレビ
по-япо́нски 日本語で　　телефо́н 電話
сосе́д 隣人(男)　　　　япо́нец 日本人(男)
су́мка カバン　　　　　япо́нка 日本人(女)

3. 会話を完成させましょう

— Вы́ говори́те по-англи́йски?

— _____ いいえ、話しません。

— А ва́ш дру́г Анто́н?

— _____ 彼はとても上手に英語を話します。

— А я́ говорю́ по-япо́нски.

コラム　**複数形の作り方**

原則は次のようになります。

1. 子音で終わる名詞：最後にыを加える。
2. аで終わる名詞：最後のаを取り去ってыを加える。
3. 1と2の場合、к, г, хで終わるときはыではなくиを加える。
4. оで終わる名詞：最後のоを取り去ってаを加える。

① тури́ст →тури́сты
② маши́на →маши́ны
③ зо́нтик →зо́нтики, бума́га →бума́ги
④ кольцо́ →ко́льца

＊ただしこの教科書では、ロシア語のしくみを理解することを優先して、複数形
は取り上げていません。

ロシア語と日本語

　言語は交流しています。ロシア語のなかには日本語が起源の単語もありますし、反対に私たちが使っている日本語の単語が、実はロシア語に由来するものということもあります。いくつかご紹介しましょう。

〔1〕　日本語からロシア語へ
　　　「生け花」　икеба́на
　　　「イワシ」　иваси́
　　　「着物」　кимоно́
　　　「津波」　цуна́ми

〔2〕　ロシア語から日本語へ
　　　балала́йка　「バラライカ」（弦楽器）
　　　икра́　　　　「イクラ」（魚卵。「キャビア」の意味にもなる）
　　　кампа́ния　　「カンパ」（資金集め。ロシア語では略さない）
　　　пе́чка　　　　「ペチカ」（暖房装置）
　　　тро́йка　　　「トロイカ」（三頭立て馬車）

コラム **ロシア語と英語**

　文字が違うので、ロシア語と英語はまったく関係ないよう見えますが、言語系統的には遠い親戚ですし、ロシア語は昔から英語をたくさん受け入れています。ロシア語と英語で一定の対応関係が分かれば、語彙を増やすときに便利です。ここではその参考として、2つ挙げましょう。

(1)　英語 -ce- ＝ロシア語 -це- （語頭も語中もあります）

center	це́нтр「中心」
ceremony	церемо́ния「儀式、式典」
percent	проце́нт「パーセント」
process	проце́сс「過程、プロセス」

(2)　英語 -tion ＝ロシア語 -ция （語末）

collection	колле́кция「収集品、コレクション」
information	информа́ция「情報」
operation	опера́ция「手術」
tradition	тради́ция「伝統」

ただし主に使われる意味がずれるものもあります。
　例：action「行動」、а́кция「株券」

7

1. 音の例外①

 61

что 何

коне́чно もちろん

左の２つの単語にある **ч** は、例外的に「シュ」と発音します。

2. 「これは何ですか」

🔊 62

① Что́ э́то? これは何ですか。

② Что́ о́н говори́т? 彼は何を言っているのですか。

②は「信じられない」という意味にもなります。

— Что́ э́то?

— Э́то телефо́н. Э́то мо́й телефо́н.

— А э́то что́?

— Э́то то́же мо́й телефо́н.

— Что́ вы́ говори́те? Э́то мо́й телефо́н!

3. 「私はアンナと申します」 63

① **Меня́ зову́т А́нна.**　　私はアンナと申します。

② **Ка́к ва́с зову́т?**　　お名前は何とおっしゃいますか。

　меня́ は「私を」、зову́тは「（人々が）呼んでいる」という意味なので、「人々は私をアンナと呼んでいます」＝「私はアンナと申します」になります。
　尋ねるときは「人々はあなたを（ва́с）どのように（ка́к）呼んでいますか」＝「お名前は何とおっしゃいますか」です。

4. 名字（ロシア人の名前②） 64

① - 1 **Петро́в**

① - 2 **Петро́ва**

② - 1 **Тро́цкий**

② - 2 **Тро́цкая**

＊ロシア人の名字は、男性と女性で最後が違うのが一般的です。мо́й と моя́ の区別のようですね。左の表のうち、①－1と②－1は男性、①－2と②－2は女性の名字です。中にはПетре́нко や Черны́х のように、男女で同じ形の名字もあります。

5. 「働く」の現在形

 65

	単数	複数
1人称	я́ рабо́таю	мы́ рабо́таем
2人称（親称）	ты́ рабо́таешь	вы́ рабо́таете
（敬称）	вы́ рабо́таете	вы́ рабо́таете
3人称	о́н рабо́тает она́ рабо́тает	они́ рабо́тают

＊говори́ть「話す」と同じく、「私」「あなた」「彼」の形に絞って学習しましょう。

(参考)

「働く」	рабо́тать	「話す」	говори́ть
私は働く	я́ рабо́таю	私は話す	я́ говорю́
あなたは働く	вы́ рабо́таете	あなたは話す	вы́ говори́те
彼は働く	о́н рабо́тает	彼は話す	о́н говори́т

　右に говори́ть の現在形を挙げておきました。どこが違うか、分かりますか。「あなた」や「彼」のときの語尾が ете と ите 、ет と ит で違うことも大切ですが、不定形との関係に注目してください。говори́ть は ить を取り去ってから ю, ите, ит といった語尾を付けますが、рабо́тать は ть だけを取り去って ю, ете, ет を付けます。

6. 覚えましょう

 66

[
рабо́тать 働く　　отдыха́ть 休む
де́лать する　　чита́ть 読む
зна́ть 知っている　понима́ть 分かる
]

44

7. 読んでみましょう 🔊 67

(1) Я рабо́таю до́ма.

(2) Мо́й бра́т отдыха́ет.

(3) — Вы́ понима́ете?

— Да́, коне́чно, понима́ю.

(4) — Что́ вы́ де́лаете?

— Я́ чита́ю журна́л.

(5) — Вы́ зна́ете, что́ э́то?

— Не́т, я́ не зна́ю.

単語 до́ма 家で

8. ロシア語に訳しましょう 🔊 68

(1) 私は家で休んでいます。

_____

(2) あなたは私の手紙を読んでいるのですか。

_____

(3) 彼女は何をしていますか。

_____

(4) 彼はよく働きます。

_____

(5) あなたはこれが誰だか知っていますか。

_____

1. 音の例外②　🔊69

> его́　　　彼の
> сего́дня　今日

ロシア語の г は、「ヴ」と発音することがあります。

2. 「彼の」「彼女の」　🔊70

> ① его́ оте́ц　　　彼の父
> ② его́ ма́ть　　　彼の母
> ③ его́ зо́нтик　　彼のカサ
> ④ его́ су́мка　　彼のカバン
> ⑤ его́ кольцо́　　彼の指輪

его́「彼の」は мо́й「私の」や ва́ш「あなたの」のような、男女や語尾による区別がありません。

её「彼女の」も同じです。

её оте́ц　彼女の父　　её ма́ть　彼女の母

её зо́нтик　彼女のカサ　　её су́мка　彼女のカバン

её кольцо́　彼女の指輪

46

3.「大丈夫です」

Ничего́.　大丈夫です。

ничего́ は「大丈夫」「かまわない」という意味です。г は「ヴ」となりますので注意してください。

(1) ― Извини́те.
　　― Ничего́.

(2) ― Ничего́?
　　― Ничего́.

B

4.「新しいカサ」「新しいカバン」「新しい指輪」　🔊72

```
① но́вый зо́нтик　新しいカサ

② но́вая су́мка　　新しいカバン

③ но́вое кольцо́　新しい指輪
```

но́вый「新しい」のような形容詞は、「私の」「あなたの」を表わす所有代名詞と同じ規則で、結びつく名詞に合わせて3つの形があります。ста́рый「古い、年老いた」、краси́вый も「美しい」も同じ変化です。

末尾が少しだけ違う例を挙げましょう。

ма́ленький「小さい」	большо́й「大きい」
ма́ленький зо́нтик	большо́й зо́нтик
ма́ленькая су́мка	больша́я су́мка
ма́ленькое кольцо́	большо́е кольцо́

＊違いは男性を表わす語あるいは子音で終わる語と結びつく形だけです。

5. 「どうもありがとう」

Большо́е спаси́бо. どうもありがとう。

　большо́е は「大きい」という意味の形容詞。спаси́бо「ありがとう」と結び
つけると「どうもありがとう」になります。о́чень とは結びつけないでください。

— Большо́е спаси́бо.
— Пожа́луйста.

6. 覚えましょう

но́вый 新しい	ста́рый 古い
красси́вый 美しい	тру́дный 難しい
интере́сный 面白い	ма́ленький 小さい
ру́сский ロシアの	япо́нский 日本の
большо́й 大きい	како́й どのような

7. 読んでみましょう

(1) Э́то больша́я маши́на.

(2) Мо́й телеви́зор уже́ ста́рый.

(3) Моя́ сестра́ ещё ма́ленькая.

(4) — Како́й э́то журна́л?

    — Э́то ру́сский журна́л.

(5) — Кака́я э́то газе́та?

    — Э́то япо́нская газе́та.

🔤 уже́ すでに   ещё まだ   газе́та 新聞

8. ロシア語に訳しましょう

(1) 私のカサは大きい。

_____

(2) これは難しいけれど面白い本です。

_____

(3) あなたのお母さんはとても美しいです。

_____

(4) 新しいロシアの学生はどこですか（答えは2つ考えられます）。

_____

(5) 年老いたおじいさんが家で休んでいます。

_____

7-8 まとめ

1. 「よろしくお願いします」

77

Óчень приятно! よろしくお願いします。

приятно は「嬉しい」という意味ですが、óчень と結びつけて初対面の挨拶「よろしくお願いします」「はじめまして」として使います。

＊この表現は、自己紹介をした後で用いることに注意してください。

— Меня́ зову́т Áня.

— Меня́ зову́т Ва́ня.

— Óчень прия́тно!

— Óчень прия́тно!

2. 確認しましょう

78

большо́й 大きい	како́й どのような
газе́та 新聞	коне́чно もちろん
де́лать する	краси́вый 美しい
до́ма 家で	кури́ть タバコを吸う
ду́мать 考える	ма́ленький 小さい
его́ 彼の	но́вый 新しい
её 彼女の	отдыха́ть 休む
ещё まだ	плохо́й 悪い
знать 知っている	понима́ть わかる
интере́сный 面白い	рабо́тать 働く

ру́сский ロシアの   тру́дный 難しい

сего́дня 今日   уже́ すでに

слу́шать 聴く   чита́ть 読む

смотре́ть 見る   что́ 何

ста́рый 古い、年老いた   япо́нский 日本の

3. 会話を完成させましょう　🔊79

— Что́ вы́ де́лаете?

— _____ 私は雑誌を読んでいます。

— Како́й журна́л вы́ чита́ете?

— _____ 私は古いロシアの雑誌を読んでいます。

— Э́то интере́сный журна́л?

— _____ はい、とても面白いですが、難しい雑誌です。

ロシア人の名前と愛称

男性（愛称＜元の名前）	女性（愛称＜元の名前）
Алёша < Алексе́й	А́ня < А́нна
Бо́ря < Бори́с	Га́ля < Гали́на
Ва́ня < Ива́н	Же́ня < Евге́ния
Воло́дя < Влади́мир	Ка́тя < Екатери́на
Ди́ма < Дми́трий	Ле́на < Еле́на
Же́ня < Евге́ний	Лю́да < Людми́ла
Ко́ля < Никола́й	Ма́ша < Мари́я
Ми́ша < Михаи́л	На́дя < Наде́жда
Пе́тя < Пётр	Ната́ша < Ната́лия
Са́ша < Алекса́ндр	Са́ша < Алекса́ндра
Серёжа < Серге́й	Та́ня < Татья́на
Фе́дя < Фёдор	Ю́ля < Ю́лия

＊Же́ня や Са́ша は男性にも女性にも使える愛称形です。

ロシアの地名

＊人口の多い都市ベスト5です。

1. Москва́ 「モスクワ」（首都）
2. Са́нкт-Петербу́рг 「サンクトペテルブルク」
3. Новосиби́рск 「ノボシビルスク」
4. Екатеринбу́рг 「エカテリンブルク」
5. Ни́жний Но́вгород 「ニージニー・ノブゴロド」

＊地名からできる形容詞の最初の文字は、文頭以外では小文字です。

моско́вский 「モスクワの」

санкт-петербу́ргский 「ペテルブルクの」

（例外的にгは発音しません）

＊日本に近い都市には、以下のようなものがあります。

Владивосто́к 「ウラジオストク」

Нахо́дка 「ナホトカ」（дは「ト」になります）

Хаба́ровск 「ハバロフスク」（вは「フ」になります）

＊音が変わることについては**9**を参照してください。

1. 音が変わる：子音字②

🔊80

> всё　　すべて
>
> во́дка　　ウォッカ

б, в, г, д, ж, з の後に к, п, с, т, ф, х, ц, ч, ш, щ が続くと、以下のように音が変わります。

б ⇒「プ」　в ⇒「フ」　г ⇒「ク」　д ⇒「ト」　ж ⇒「シュ」　з ⇒「ス」

練習問題
（1）пирожки́　ピロシキ　　　（2）авто́бус　バス
（3）вчера́　きのう　　　（4）за́втра　あした
（5）сосе́дка　隣人（女）　　　（6）оши́бка　間違い

2. 「すべて順調です」

🔊81

> Всё в поря́дке.　すべて順調です。

всёは「すべて」、в поря́дкеは「秩序の中」なのですが、いろいろ変化していますので、このまま覚えてください。

— Ка́к дела́?
— Спаси́бо, всё в поря́дке.

54

3. 「お茶をください」

① **Да́йте ча́й.**　　お茶をください。

② **Да́йте ко́фе.**　　コーヒーをください。

③ **Да́йте во́дку.**　ウォッカをください。

Да́йте は「ください」という意味で、動詞の命令形です。ほしいものはその後に続けますが、a で終わる単語は最後の a を y に替えます。また пожа́луйста「どうぞ」といっしょに使うこともできます。

（1）**Да́йте бума́гу.**

（2）**Да́йте, пожа́луйста, бума́гу.**

コラム　　「ください」と「ちょうだい」

Да́йте は最後の те を取り去ると、親しい間柄で使う「ちょうだい」の意味になります。これまで学習した表現の中には、最後の те を取り去ることで親しい間柄で使えるものがありましたので、ここでまとめておきましょう。

Здра́вствуйте!「こんにちは」　**Здра́вствуй!**「こんちは」

Извини́те!「ごめんなさい」　**Извини́!**「ごめんね」

4. 「〜を」の表現

> # Я́ чита́ю кни́гу. 私は本を読んでいます。

　すでに「ください」の表現で触れましたが、「〜を」を表わすとき、aで終わる単語は最後の a を y に替えます。

(1) Я́ слу́шаю му́зыку.

(2) Она́ чита́ет газе́ту.

(3) — Что́ вы чита́ете?

　　 — Я́ чита́ю ска́зку.

(4) — Вы зна́ете А́нну?

　　 — Да́, хорошо́ зна́ю.

 му́зыка 音楽　　ска́зка 昔話

5. 覚えましょう　　　🔊84

[
во́дка ウォッカ　　ру́чка ペン

му́зыка 音楽　　оши́бка 間違い　　ры́ба 魚

ска́зка 昔話　　сосе́дка 隣人（女）
]

6. 読んでみましょう

(1) Я́ зна́ю сосе́дку.

(2) Да́йте, пожа́луйста, ры́бу.

(3) О́н де́лает оши́бку.

(4) — Что́ она́ де́лает?

     — Она́ слу́шает му́зыку.

(5) — Вы́ чита́ете ска́зку?

     — Не́т, я́ чита́ю уче́бник.

単語 уче́бник 教科書

7. ロシア語に訳しましょう

(1) ペンをください。

_____

(2) あなたは間違っていますよ。

_____

(3) 彼女はアンナを知っています。

_____

(4) 私は新聞を読んでいますが、彼は雑誌を読んでいます。

_____

(5) どうぞウォッカをください。

_____

1. 音が変わる：子音字③　🔊87

> **футбо́л**　サッカー
>
> **экза́мен**　試験

к, п, с, т, ф, ш の後に б, г, д, ж, з が続くと、以下のように音が変わります。

к ⇒「グ」　п ⇒「ブ」　с ⇒「ズ」　т ⇒「ド」　ф ⇒「ヴ」　ш ⇒「ジュ」

2. 「好きだ」の現在形　🔊88

<table>
<tr><td></td><td>люби́ть「好む、好きだ」</td></tr>
<tr><td>я́</td><td>люблю́</td></tr>
<tr><td>вы́</td><td>лю́бите</td></tr>
<tr><td>о́н</td><td>лю́бит</td></tr>
</table>

＊1人称単数形の語尾に л があったり、アクセントの位置が変わったりして、規則変化とは違います。このまま覚えてください。

（1）Я́ не люблю́ футбо́л.

（2）А́нна лю́бит чита́ть.

（3）Вы́ лю́бите во́дку?

3.「お誕生日おめでとう！」 89

С днём рожде́ния！　お誕生日おめでとう！

使ってみたいのに、これほど発音しにくい表現もないでしょう。最初のсは、後にдが続くため、с⇒「ズ」のように音が変わります。

4. 父称（ロシア人の名前③） 90

- ①-1 Ива́нович ＞ Ива́н
- ①-2 Ива́новна ＞ Ива́н
- ②-1 Серге́евич ＞ Серге́й
- ②-2 Серге́евна ＞ Серге́й
- ③-1 Петро́вич ＞ Пётр
- ③-2 Петро́вна ＞ Пётр

　ロシア人は名前と名字の他に「父称」を持っています。父称とは父親の名前から作られるものです。男性でも女性でも父親の名前から作られますが、終わりの部分が違います。左の表のうち、1は男性の父称、2は女性の父称で、＞の後にはお父さんの名前が示してあります。

　作り方はお父さんの名前に男性は ович、女性は овна を付けるのが基本ですが、②のように й で終わっている場合には евич, евна になります。

　またПетро́вич のように、元の名前を少し変えて父称を作ることもあります。名前と父称で呼びかけると、丁寧な表現になります。

Здра́вствуйте, А́нна Ива́новна！

5.「これは難しい」

91

① Э́то тру́дно. これは難しい。

② Тру́дно говори́ть по-ру́сски.

ロシア語を話すのは難しい。

形容詞の最後の２文字を о に変えると、あとに動詞を続けることができます。

（1）Тру́дно рабо́тать.

（2）Интере́сно изуча́ть ру́сский язы́к.

（3）— Тру́дно чита́ть по-ру́сски?

— Да́, о́чень тру́дно.

（4）— Интере́сно смотре́ть телеви́зор?

— Не́т, не интере́сно.

単語 изуча́ть 勉強する　язы́к 言語

6. 覚えましょう

92

хо́лодно 寒い	жа́рко 暑い
тру́дно 難しい	интере́сно 面白い
мо́жно ～してよい	нельзя́ ～してはいけない

(1) Сего́дня о́чень жа́рко.

(2) Сего́дня не о́чень хо́лодно.

(3) — Мо́жно чита́ть журна́л?
　　 — Да́, пожа́луйста.

(4) — Мо́жно здесь кури́ть?
　　 — Не́т, нельзя́.

(単語) не о́чень あまり〜ない　　 здесь ここで

(1) これはとても面白い。

_____

(2) 新聞を読んでもいいですか。

_____

(3) 今日はあまり暑くありません。

_____

(4) 日本語を勉強するのは難しいですか。

_____

(5) ここでタバコを吸ってはいけません。

_____

9-10 まとめ

1. 「これで全部です」

🔊95

> ## Это всё. これで全部です。

всё は「全部」という意味です。вは「フ」と発音しますので、注意してください。

2. 確認しましょう

🔊96

во́дка ウォッカ	нельзя́ 〜してはいけない
да́йте ください	оши́бка 間違い
жа́рко 暑い	ру́чка ペン
здесь ここで	ры́ба 魚
изуча́ть 勉強する	ска́зка 昔話
интере́сно 面白い	сосе́дка 隣人(女)
люби́ть 好きだ	тру́дно 難しい
мо́жно 〜してよい	уче́бник 教科書
му́зыка 音楽	хо́лодно 寒い
не о́чень あまり〜ない	язы́к 言語

3. 会話を完成させましょう　🔊97

— Тру́дно изуча́ть ру́сский язы́к?

— ＿＿＿＿＿＿＿＿＿＿＿＿　はい、とても難しいです。

— Покажи́те уче́бник.

— ＿＿＿＿＿＿＿＿＿＿＿＿　どうぞ。

— Э́то не о́чень тру́дный уче́бник.

— ＿＿＿＿＿＿＿＿＿＿＿＿　はい、でもあまり面白くないんです。

— Вы́ лю́бите чита́ть по - ру́сски?

— ＿＿＿＿＿＿＿＿＿＿＿＿
　いいえ、でもロシア語で話すのは好きです。

— А по - англи́йски?

— ＿＿＿＿＿＿＿＿＿＿＿＿　私は英語で話すのが大好きです。

単語 покажи́те 見せてください

63

『集中講義のロシア語』で学習したこと

1）「○○は××である」

Э́то А́нна． これはアンナです。

2）疑問

Э́то А́нна？ これはアンナですか。

3）否定

Э́то не А́нна． これはアンナではありません。

4）所有代名詞

Э́то моя́ су́мка． これは私のカバンです。

5）形容詞

Э́то но́вая су́мка． これは新しいカバンです。

6）対格「〜を」の用法

Да́йте су́мку． カバンをください。

7）動詞の現在

Я́ говорю́ по‐ру́сски． 私はロシア語を話します。

8）述語副詞

Тру́дно говори́ть по‐ру́сски．
ロシア語を話すのは難しい。

1）所有の表現

У меня́ е́сть маши́на. 私は車を持っています。

2）動詞の過去

Она́ рабо́тала хорошо́. 彼女はよく働きました。

3）動詞の未来

За́втра бу́дет плоха́я пого́да.

明日は悪い天気でしょう。

4）前置格「（場所）〜で」の用法

Он рабо́тает в Москве́. 彼はモスクワで働いています。

5）生格「〜の」の用法

Э́то уче́бник Ива́на. これはイワンの教科書です。

6）与格「〜に」の用法

Он чита́ет сестре́ кни́гу. 彼は妹に本を読んでいます。

7）造格「（手段）〜で」の用法

Я пишу́ ру́чкой. 私はペンで書きます。

8）仮定法

Е́сли бы́ я зна́л э́то. 私がこのことを知っていたらなあ。

ロシア語－日本語単語集 --

まとめにある「覚えましょう」に挙げられた単語のみのリストです。

а 一方、〜にたいして
актёр 俳優（男）
актри́са 俳優（女）
ба́бушка おばあさん
большо́й 大きい
бра́т 兄・弟
бума́га 紙
вино́ ワイン
вода́ 水
во́дка ウォッカ
вра́ч 医者
вы́ あなた
газе́та 新聞
где́ どこ
говори́ть 話す
да́ はい
да́йте ください
де́душка おじいさん
де́лать する
до́ма 家で
дру́г 友だち（男）
ду́мать 考える
дя́дя おじさん
его́ 彼の

её 彼女の
ещё まだ
жа́рко 暑い
журна́л 雑誌
журнали́ст ジャーナリスト（男）
журнали́стка ジャーナリスト（女）
зде́сь ここで
здра́вствуйте こんにちは
зна́ть 知っている
зо́нтик カサ
и そして
извини́те ごめんなさい
изуча́ть 勉強する
и́ли または、それとも
интере́сно 面白い
интере́сный 面白い
ка́к どのように
ка́к дела́? お元気ですか
како́й どのような
кни́га 本
кольцо́ 指輪
коне́чно もちろん
краси́вый 美しい
кто́ だれ

кури́ть タバコを吸う

люби́ть 好きだ

ма́ленький 小さい

ма́ма お母さん

ма́ть 母

маши́на 車

ме́сто 席、場所

мо́жно 〜してよい

му́зыка 音楽

не 〜でない

не о́чень あまり〜ない

нельзя́ 〜してはいけない

немно́го 少し

не́т いいえ

но́ しかし

но́вый 新しい

о́н 彼

она́ 彼女

отдыха́ть 休む

оте́ц 父

о́чень とても

оши́бка 間違い

па́па お父さん

пи́во ビール

письмо́ 手紙

плохо́й 悪い

по - англи́йски 英語で

подру́га 友だち(女)

пожа́луйста どうぞ

по - испа́нски スペイン語で

по - кита́йски 中国語で

по - коре́йски 韓国語で

понима́ть わかる

по - ру́сски ロシア語で

по - япо́нски 日本語で

пра́вда 真実、本当に

рабо́тать 働く

ру́сский ロシアの

ру́чка ペン

ры́ба 魚

сего́дня 今日

сестра́ 姉・妹

ска́зка 昔話

слу́шать 聴く

смотре́ть 見る

сосе́д 隣人(男)

сосе́дка 隣人(女)

спаси́бо ありがとう

ста́рый 古い、年老いた

студе́нт 大学生(男)

студе́нтка 大学生(女)

су́мка カバン

телеви́зор テレビ

телефо́н 電話

тётя おばさん

то́же ～もまた

тру́дно 難しい

тру́дный 難しい

тури́ст 旅行者(男)

тури́стка 旅行者(女)

уже́ すでに

уче́бник 教科書

хо́лодно 寒い

хорошо́ よい、元気だ

чита́ть 読む

что́ 何

э́то これ

я́ 私

язы́к 言語

япо́нец 日本人(男)

япо́нка 日本人(女)

япо́нский 日本の

日本語－ロシア語単語集 --

まとめにある「覚えましょう」に挙げられた単語のみのリストです。
アクセントは付けていません。正しく覚えているか、確認しましょう。

新しい новый		面白い интересный,
暑い жарко		интересно
あなた вы		音楽 музыка
兄 брат		カサ зонтик
姉 сестра		彼女 она
あまり〜ない не очень		彼女の её
ありがとう спасибо		カバン сумка
いいえ нет		紙 бумага
家で дома		彼 он
医者 врач		彼の его
一方 а		考える думать
妹 сестра		韓国語で по-корейски
ウォッカ водка		聴く слушать
美しい красивый		教科書 учебник
英語で по-английски		今日 сегодня
大きい большой		ください дайте
お母さん мама		車 машина
お元気ですか как дела?		元気だ хорошо
おじいさん дедушка		言語 язык
おじさん дядя		ここで здесь
お父さん папа		これ это
弟 брат		こんにちは здравствуйте
おばあさん бабушка		ごめんなさい извините
おばさん тётя		魚 рыба

寒い холодно

雑誌 журнал

しかし но

知っている знать

してはいけない нельзя

してよい можно

真実 правда

新聞 газета

ジャーナリスト（男）журналист,
　　　　（女）журналистка

好きだ любить

少し немного

すでに уже

スペイン語で по-испански

する делать

席 место

そして и

それとも или

（～に）たいして а

タバコを吸う курить

大学生（男）студент,
　　　　（女）студентка

だれ кто

小さい маленький

父 отец

中国語で по-китайски

手紙 письмо

テレビ телевизор

～でない не

電話 телефон

年老いた старый

友だち（男）друг,
　　　　（女）подруга

どうぞ пожалуйста

どこ где

とても очень

どのような какой

どのように как

何 что

日本語で по-японски

日本人（男）японец,
　　　　（女）японка

日本の японский

俳優（男）актёр,
　　　　（女）актриса

はい да

働く работать

話す говорить

母 мать

場所 место

ビール пиво

古い старый

勉強する изучать

ペン ручка

本 книга

本当に правда

または или

まだ ещё

間違い ошибка

水 вода

見る смотреть

昔話 сказка

難しい трудный, трудно

もちろん конечно

〜もまた тоже

休む отдыхать

指輪 кольцо

よい хорошо

読む читать

旅行者（男）турист,
　　　　（女）туристка

隣人（男）сосед,
　　　（女）соседка

ロシア語で по-русски

ロシアの русский

ワイン вино

わかる понимать

私 я

悪い плохой

ロシア語のアルファベット一覧表

立　体	斜　体	筆　記　体	名　　称	発　音
A a	A a	*A a*	ア	ア
Б б	Б б	*Б б*	ベ	ブ
В в	В в	*В в*	ヴェ	ヴ
Г г	Г г	*Г г*	ゲ	グ
Д д	Д д	*Д д*	デ	ド
Е е	Е е	*Е е*	ィエ	ィエ
Ё ё	Ё ё	*Ё ё*	ヨ	ヨ
Ж ж	Ж ж	*Ж ж*	ジェ	ジ
З з	З з	*З з*	ゼ	ズ
И и	И и	*И и*	イ	イ
й	й	*й*	イ・クラ ートコエ	短いイ
К к	К к	*К к*	カ	ク
Л л	Л л	*Л л*	エリ	ル
М м	М м	*М м*	エム	ム
Н н	Н н	*Н н*	エヌ	ン
О о	О о	*О о*	オ	オ

П п	*П п*	*П п*	ペ	プ
Р р	*Р р*	*Р р*	エる	る
С с	*С с*	*С с*	エス	ス
Т т	*Т т*	*Т т*	テ	ト
У у	*У у*	*У у*	ゥ	ゥ
Ф ф	*Ф ф*	*Ф ф*	エフ	フ
Х х	*Х х*	*Х х*	ハー	ハ
Ц ц	*Ц ц*	*Ц ц*	ツェ	ッ
Ч ч	*Ч ч*	*Ч ч*	チェ	チ
Ш ш	*Ш ш*	*Ш ш*	シャ	シ
Щ щ	*Щ щ*	*Щ щ*	シシャ	シー
Ъ	*ъ*	*ъ*	トヴョールドイ・ ズナーク（硬音符）	
Ы	*ы*	*ы*	ゥイ	ゥイ
Ь	*ь*	*ь*	ミャーフキイ・ズ ナーク（軟音符）	
Э э	*Э э*	*Э э*	エ（アパロ ートノエ）	エ
Ю ю	*Ю ю*	*Ю ю*	ユ	ユ
Я я	*Я я*	*Я я*	ヤ	ヤ

著者紹介

黒田 龍之助 (くろだ　りゅうのすけ)

1964年、東京生まれ。上智大学外国語学部ロシア語学科卒業。東京大学大学院修了。スラヴ語学専攻。現在、神田外語大学特任教授、神戸市外国語大学客員教授。

主要著書

『ニューエクスプレスプラス　ロシア語』『ロシア語のかたち』『ロシア語のしくみ』『寝るまえ 5 分の外国語』『寄り道ふらふら外国語』『ことばはフラフラ変わる』『もっとにぎやかな外国語の世界 ［白水 U ブックス］』(以上、白水社)、『羊皮紙に眠る文字たち』『外国語の水曜日』『ロシア語の余白』『チェコ語の隙間』『ロシア語だけの青春ミールに通った日々』(以上、現代書館)、『初級ロシア語文法』『初級ウクライナ語文法』『ぼくたちの英語』『ぼくたちの外国語学部』(以上、三修社)、『ウクライナ語基礎 1500 語』『ベラルーシ語基礎 1500 語』(以上、大学書林)、『はじめての言語学』(講談社現代新書)、『大学生からの文章表現』(ちくま新書)、『外国語をはじめる前に』(ちくまプリマー新書)、『ポケットに外国語を』『その他の外国語エトセトラ』『世界のことばアイウエオ』(以上、ちくま文庫)、『語学はやり直せる！』(角川 one テーマ 21)、『外国語を学ぶための言語学の考え方』(中公新書)、『物語を忘れた外国語』(新潮社)

集中講義のロシア語

2020年 2 月 1 日　印刷
2020年 2 月10日　発行

著　者 © 黒　田　龍　之　助
発行者　及　川　直　志
印刷所　株式会社 梨本印刷

発行所　101-0052東京都千代田区神田小川町3の24
電話 03-3291-7811 (営業部)，7821 (編集部)　株式会社 白水社
www.hakusuisha.co.jp
乱丁・落丁本は、送料小社負担にてお取り替えいたします。

振替 00190-5-33228　　Printed in Japan　　誠製本株式会社

ISBN978-4-560-01637-4

会話＋文法
入門書の決定版がパワーアップ

ニューエクスプレス＋ プラス

**CD
＋
音声アプリ**

見やすい・わかりやすい・使いやすい！
知らない言葉へテイクオフ

ロシア語　黒田龍之助　著

鏡の国の不思議なキリル文字の世界をいっしょに旅してみませんか
本書はロシア語の特徴を文字と発音から丁寧に解説していきます

■Ａ５判　■150頁　２色刷

◆本書の構成◆
◎ロシア語ってどんなことば？
◎文字と発音
◎各課４ページ、全20課
◎２課ごとに２ページの練習問題
◎テーマ別の単語と表現のコーナー
◎単語リスト

◆ここがプラス！◆
◎簡単なスピーチ・
　メッセージの表現
◎文法チェック
◎読んでみよう
◎付属CD＋音声アプリ